ROSALIE TAVERNIER

Einmal im Leben

sollte jeder eine Dummheit aus Liebe begehen

Aus dem Französischen
übersetzt von Daniela Bentele

THIELE VERLAG

Für meine Mutter.

Danke für alles.

EINMAL IM LEBEN

sollte jeder
seine Siebensachen packen,
die Tür von außen zuziehen
und nach Sansibar fahren.
Oder wo liegt dein
Paradies?

Einmal im Leben

sollte jeder auf dem Riesenrad

im Prater fahren und –

wenn er ganz oben

für einen Augenblick verweilt –

in den blauen Himmel schauen

und sich etwas wünschen.

Einmal im Leben

sollte jede Frau

sich die schönsten

Schuhe der Welt

gönnen – egal, was sie kosten!

Einmal im Leben

sollte jeder vor Sonnenaufgang aufstehen und erleben, wie aus der Nacht allmählich Tag wird.

EINMAL IM LEBEN

sollte jeder

kurz entschlossen

in den falschen Zug steigen

und gespannt sein, was passiert!

EINMAL IM LEBEN

sollte jeder einen ganzen Sonntag
im Bett vertrödeln –
mit Milchkaffee, Croissants,
Zeitungen und Reisekatalogen
von fernen Ländern.

Einmal im Leben

sollte jeder in einer Sommernacht

sein Bett nach draußen schaffen,

unter dem Sternenhimmel einschlafen

und zusehen, wie

die Welt sich dreht.

Einmal im Leben

sollte jeder ein Herz

mit zwei Initialen

in den Baum ritzen –

am liebsten zu zweit.

Einmal im Leben

sollte jeder vor dem

Kaminfeuer Liebe machen –

nichts ist so verheißungsvoll

wie der flackernde

Schein der Flammen

auf nackter Haut.

Einmal im Leben

sollte jeder seinem Kind
von früher erzählen –
wie das war,
als man selbst klein gewesen ist,
wovor man Angst hatte,
worüber man unglücklich war –
und glücklich.

Einmal im Leben

sollte jeder das machen, was er sich als
Kind am meisten gewünscht hat:
fünf Marzipanbrote essen,

den ganzen Tag auf die Kirmes gehen,
bis in die Puppen Fernsehen gucken,
nachts auf den Friedhof schleichen …
Weißt du noch, was dein Herzens-
wunsch war als Kind?

Einmal im Leben

sollte jeder einem Schornsteinfeger
die Hand schütteln.
Weil das auf jeden
Fall Glück bringt.

Einmal im Leben

sollte jeder einen Brief an

einen geliebten Menschen schreiben,

der gestorben ist, und die Himmelspost

unter dem Efeu auf

dem Grab verstecken.

Ich bin sicher,

die Botschaft kommt an.

Einmal im Leben
sollte jeder in aller Stille
in einer Kirche sitzen und,
bevor er hinausgeht,
für einen lieben Menschen
eine Kerze anzünden.

Einmal im Leben

sollte sich jeder betrinken,
um dann endlich das sagen
und tun zu können,
was er sich sonst nie traut.

Einmal im Leben

sollte jeder in einem Pariser Café

einen Aschenbecher klauen …

und diesen sein Leben lang

in Ehren halten

wie einen kostbaren Schatz.

EINMAL IM LEBEN

sollte jeder am
frühen Morgen
barfuß über die Wiese laufen
und die glitzernden Tautropfen
unter seinen Füßen spüren.

Einmal im Leben

sollte jeder mit seiner Liebsten

in einen Passfotoautomaten gehen,

den Vorhang zuziehen

und Fotos machen.

EINMAL IM LEBEN

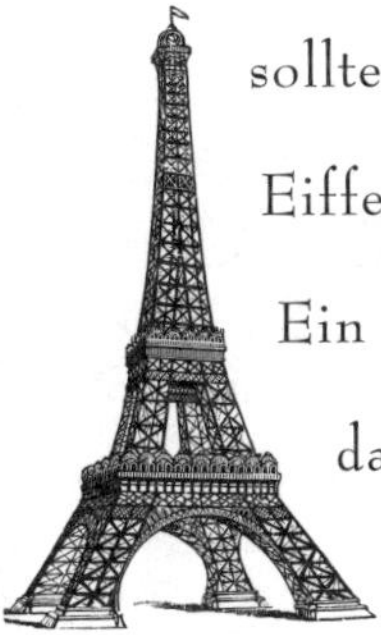

sollte jeder auf den

Eiffelturm steigen.

Ein luftiges Abenteuer,

das fröhlich macht.

Einmal im Leben

sollte jeder „Ja“ sagen,

wenn er eigentlich

„Nein“ sagen wollte.

Einmal im Leben

sollte jeder Mann fragen:

„Willst du meine Frau werden?“

Einmal im Leben

sollte jede Frau sagen:

„Ja, ich will."

Einmal im Leben

sollte jeder bei einem heißen Kakao
in einer windgeschützten Strandbude
an der Nordsee sitzen
und stundenlang
einfach nur aufs Meer schauen.

Einmal im Leben

sollte jeder mit der Gondel am Abend

durch die dunkel glitzernden

Kanäle von Venedig fahren.

Manche Dinge müssen sein.

Einmal im Leben

sollte jeder seinen
Keller entrümpeln.
Man findet so manches,
was man vergessen hatte.
Und man vergisst endlich das,
was man wegwerfen kann.

EINMAL IM LEBEN

sollte jeder in ein Restaurant gehen,

das so klein ist

wie das eigene

Wohnzimmer,

und sich dort aufs

Schönste bedienen lassen.

EINMAL IM LEBEN

sollte jeder das Büro

Büro sein lassen

und statt dessen

spazieren gehen.

Nichts Schöneres,

als unverdienterweise frei zu haben,

wenn alle anderen arbeiten.

Einmal im Leben

sollte jeder in einem Schloss übernachten

und sich wahrhaft

königlich fühlen –

tantpis l'argent!

Einmal im Leben

sollte sich jeder auf eine

Sommerwiese legen

und die Wolken am Himmel deuten.

Einmal im Leben

sollte jeder seiner Liebsten

einen Riesenstrauß Rosen

per Boten schicken.

Einmal im Leben 

sollte jeder einen

Liebesbrief schreiben.

Auf Papier und mit Füllfederhalter.

EINMAL IM LEBEN

sollte jeder „danach" im Bett

Spiegeleier mit Schinken essen.

Es gibt nichts Besseres!

EINMAL IM LEBEN
sollte jeder bedenkenlos
zurücklächeln,
wenn ihm auf der Straße
zugelächelt wird.

Einmal im Leben

sollte jeder seiner

überlasteten Freundin

die Kinder für ein

ganzes Wochenende

abnehmen, damit sie

auch mal frei hat.

Einmal im Leben

sollte jeder bei Vollmond im Meer schwimmen gehen. Durch das stille Wasser gleiten – wie eine schöne Nixe oder ein Meeresgott.

EINMAL IM LEBEN

sollte jeder sich

ins Auto setzen

und einfach losfahren, ohne zu wissen,

wohin die Reise geht.

EINMAL IM LEBEN

sollte jeder „Die Fledermaus“ sehen.

Und verstehen, warum

„Chacun à son gôut“ so fröhlich macht.

Einmal im Leben

sollte jeder seine Marmelade selbst
einkochen und sein Brot backen.
Den Duft genießen,
der die Küche durchzieht,
in ein noch warmes Brot beißen –
mit dem guten Gefühl,
Zeit für solche
Dinge zu haben.

EINMAL IM LEBEN

sollte jeder abends

allein in einer Bar

Bellinis trinken –

und abwarten, was passiert.

EINMAL IM LEBEN

sollte jeder die Nacht

zum Tage machen.

Einmal im Leben

sollte jeder bei Kerzenschein
und seiner Lieblingsmusik im
Honigschaumbad sitzen und
mit Champagner auf
sich selbst anstoßen.

EINMAL IM LEBEN

sollte jeder so lange

tanzen gehen,

bis die Schuhsohlen

Löcher haben.

EINMAL IM LEBEN

sollte jeder seinem
alten Teddy seinen
Kummer anvertrauen.
Die Nase in das alte Fell stecken,
das nach Kindertagen riecht,
und sich trösten lassen.

Einmal im Leben
sollte jede Frau im Abendkleid
in einen Springbrunnen steigen.
Und sich wie eine
übermütige Göttin fühlen.

Einmal im Leben

sollte jeder eine
Ballonfahrt machen.
Die Stille spüren,
das Gleiten am
Himmel entlang.
Für einen unendlichen Moment
über den Dingen schweben.

Einmal im Leben

sollte jeder einfach

nicht ans Telefon gehen.

Sich frei machen von dem Gefühl,

etwas zu verpassen.

Und sich die Freiheit nehmen,

nicht stets und überall

erreichbar zu sein.

Einmal im Leben

sollte jeder sich in einem

Schrank verstecken.

Lauschen, was

draußen passiert.

Sich sicher fühlen.

EINMAL IM LEBEN

sollte jeder das verregnete Wochenende
nutzen und endlich alle Fotos einkleben.
Und dann in den

Erinnerungen blättern …

Einmal im Leben

sollte jeder zu einem

Maskenball gehen.

Keiner weiß, wer du bist.

Du kannst alles sein, was du willst.

EINMAL IM LEBEN

sollte jeder einen Schneemann bauen.

Dem Winter seine

gute Laune entlocken.

Und selbst gute Laune bekommen.

EINMAL IM LEBEN

sollte jeder zwei Arme
voll bunter Herbstblätter
in die Luft werfen und
auf sich hinabregnen lassen.
Kleine Küsse des Waldes.

EINMAL IM LEBEN

sollte jeder mit seinem Kind

um die Wette schaukeln.

Lachen. Sich weit zurücklehnen

und fast in den Himmel springen.

EINMAL IM LEBEN

sollte jeder einen Seitensprung verzeihen. Der andere ist fehlbar. Wie du selbst.

EINMAL IM LEBEN

sollte jeder sich

neu erfinden.

Weil es im Leben mehr

als einen Anfang gibt

und mehr als ein Ende.

Einmal im Leben

sollte jeder Muscheln 

 am Strand sammeln.

Es gibt keinen nutzloseren Zeitvertreib.

Und keinen schöneren. 

Einmal im Leben

sollte jeder einen Kranz

aus Gänseblümchen flechten.

Und seine schönsten

Gedanken hineingeben.

EINMAL IM LEBEN

sollte jeder über die Brücke

von Avignon tanzen.

Einmal im Leben

sollte jeder sich ein Wochenende gar nichts vornehmen.

Die Uhr ablegen.

Dem eigenen Rhythmus folgen.

Einmal im Leben

sollte jeder mit seiner Liebsten

Hand in Hand

nachts durch

die Straßen einer Stadt wandern.

EINMAL IM LEBEN

sollte jeder in einem

Himmelbett schlafen.

Und von seinem

Königreich träumen.

EINMAL IM LEBEN

sollte jeder seine

Lieblings-CD zehnmal

hintereinander hören – mindestens!

EINMAL IM LEBEN

sollte jeder seinem Freund

beim Umzug helfen.

EINMAL IM LEBEN
sollte jede Frau sich drei Kleider
auf einmal kaufen,
auch wenn sie eigentlich
keines braucht.

EINMAL IM LEBEN

sollte jeder einem

Straßenmusikanten

Geld in den Hut werfen.

Einmal im Leben

sollte jeder sein

altes Poesiealbum lesen.

EINMAL IM LEBEN

sollte jeder Enten im Park füttern.

Friedlich verweilen.

Nicht warten damit,

bis man alt ist.

EINMAL IM LEBEN

sollte jeder im

Schlafwagen reisen

und sich vom leisen Geräusch des Zuges

in den Schlaf wiegen lassen.

Einmal im Leben

sollte jeder eine Katze

zum Schnurren bringen.

EINMAL IM LEBEN

sollte jeder in der

letzten Reihe im

Kino sitzen

und küssen,

bis der Film zu Ende ist.

Einmal im Leben

sollte jeder ein schlafendes Kind

anschauen und es mit den

Augen behüten.

Einmal im Leben

sollte sich jeder abends einen
riesengroßen Topf Spaghetti
mit Tomatensauce machen,
sich gemütlich vor
den Fernseher setzen
und dann beim Essen
seinen Lieblingsfilm gucken.

EINMAL IM LEBEN

sollte jeder über einen alten Friedhof gehen und die Grabinschriften lesen. Über das Leben nachdenken. Über die Zeit, die vergeht, und die Zeit, die noch bleibt.

EINMAL IM LEBEN

sollte jeder alles stehen

und liegen lassen,

um zu seiner

Freundin zu fahren,

die sagt: „Ich brauch dich jetzt!“

EINMAL IM LEBEN

sollte jeder Mann sich ein
Herz fassen und die Schöne
am Nachbartisch
einfach ansprechen.

Einmal im Leben
sollte jeder eine Dummheit
aus Liebe begehen.

EINMAL IM LEBEN

sollte jeder eine

Wanderung

durch den

Zauberwald

von Narnia machen.

Einmal im Leben

sollte jeder eine Münze

in den Trevibrunnen werfen

und sich wünschen,

dass er nach Rom zurückkehrt.

EINMAL IM LEBEN

sollte jeder einem

anderen Menschen

eine zweite Chance

geben – auch sich selbst!

EINMAL IM LEBEN

sollte jeder Mann zusammen
mit seiner Liebsten einen
Tannenbaum kaufen und ihn
durch die Straßen schleifen
bis nach Hause.

Einmal im Leben

sollte jeder einen

Rosenstrauch pflanzen.

EINMAL IM LEBEN

sollte jeder seiner Mutter sagen:

„Danke für alles!“

Einmal im Leben

sollte jeder die Hand

ausstrecken nach der

Taube auf dem Dach

oder dem Eichhörnchen auf dem Zaun.

Einmal im Leben

sollte jeder etwas
verschenken,
das er selbst gern gehabt hätte.

EINMAL IM LEBEN
sollte jeder am Morgen
unter der Dusche
laut singen.

Einmal im Leben

sollte jeder so klug sein,

bis zum nächsten Morgen zu warten.

EINMAL IM LEBEN
sollte jeder so lange
an einem Fluss entlanggehen,
bis er seinen Gedanken
zu Ende gedacht hat.

EINMAL IM LEBEN

sollte jeder um einen

Menschen weinen.

Einmal im Leben

sollte jeder ohne schlechtes Gewissen

eine ganze Tafel Schokolade

auf einmal essen,

weil er das jetzt braucht.

EINMAL IM LEBEN

sollte jeder eine

Kutschfahrt machen.

Dem Getrappel der Pferdehufe lauschen

und sich langsam

vom Alltag entfernen –

bis man in dem

„Es-war-einmal“-Jahrhundert

angekommen ist.

EINMAL IM LEBEN

sollte jeder etwas tun,

von dem er immer gedacht hat,

dass er es niemals tun würde.

Einmal im Leben

sollte jeder mit seinen

Kindern Popcorn machen.

Es ist so einfach.

Und macht so viel Spaß.

Einmal im Leben

sollte jeder Fünfe

gerade sein lassen.

EINMAL IM LEBEN

sollte jeder

das neue Jahr

mit einem

Walzer beginnen.

Einmal im Leben

sollte jeder in einem alten Cabrio die Küstenstraßen der Côte d'Azur entlang brausen.

EINMAL IM LEBEN

sollte jeder auf

einen Berg steigen –

auch wenn es nur ein kleiner Hügel ist.

Einmal im Leben

sollte jeder die Hand eines Menschen

einen Augenblick

länger halten als nötig.

Einmal im Leben

sollte jeder den

Flohwalzer spielen.

Einmal im Leben

sollte jeder seine Stimme erheben

und klar und deutlich sagen: „Nein."

EINMAL IM LEBEN

sollte jeder eine Rede

auf seine beste

Freundin halten.

Einmal im Leben

sollte jeder einen

Menschen finden,

zu dem er sagen kann: „Du bist es."

ISBN 978-3-85179-000-9

2. Auflage

Umschlaggestaltung: Harald Braun, Berlin
Umschlagbild: Alexandra Churchill
Illustrationen: Renaissance Books, München
Gestaltung und Satz: Christine Paxmann, München
Druck und Bindung: Grasl Druck & Neue Medien, Bad Vöslau

www.thiele-verlag.com